ARRET

DES

GRANDS-JOURS-DE-CLERMONT

CONTRE LES CONTUMACES

(30 JANVIER 1666)

Publié par F. BOYER.

EXTRAIT des Mémoires de l'Académie de Clermont-Ferrand.

CLERMONT-FERRAND

IMPRIMERIE FERDINAND THIBAUD, LIBRAIRE

Rue Saint-Genès 8-10.

1881.

ARRET

DES

GRANDS-JOURS DE CLERMONT

CONTRE LES CONTUMACES

(30 JANVIER 1666)

Publié par F. BOYER.

EXTRAIT des Mémoires de l'Académie de Clermont-Ferrand.

CLERMONT-FERRAND

IMPRIMERIE FERDINAND THIBAUD, LIBRAIRE

Rue Saint-Genès 8-10.

1881.

ARRET

GRANDS - JOURS DE CLERMONT

CONTRE LES CONTUMACES

(30 Janvier 1666)

L'original du document que nous réimprimons est un placard, grand in-folio, en deux feuilles, destiné, comme l'indique la formule de la fin, aux publications à faire dans le ressort de la sénéchaussée de Lyon.

Nous reproduisons rigoureusement le texte de ce placard, bien qu'il y ait, dans les noms de localités ou de personnes, des erreurs et des incorrections nombreuses, provenant sans doute de ce que la pièce a été imprimée loin de la province dans laquelle ces noms étaient familiers. La plupart de ces inexactitudes sont rectifiées dans des annotations, renvoyées à la fin du document. Ces notes sont faites surtout au moyen du Journal inédit de Dongois, greffier des Grands-Jours, qui a laissé, sur les actes de ce tribunal de précieuses indications (1).

---

(1) Le manuscrit original, mais non autographe de Dongois, est aux Archives nationales (section judiciaire, U, 750). La Bibliothèque de Clermont en possède une copie faite avec le plus grand soin. Les notes que nous avons ajoutées à l'Arrêt ont été revues sur le manuscrit original. C'est aux pages de ce manuscrit que ces notes renvoient.

Il appartiendrait à l'Académie de publier le Journal de Dongois qui révèle l'œuvre juridique des Grands-Jours, à peine indiqué dans les Mémoires de Fléchier ou dans le Recueil édité par le libraire Jacquard en 1666.

Ce journal relate le motif de la plupart des condamnations. Il complète ainsi notre arrêt dans lequel sont seulement indiquées les juridictions qui avaient prononcé la sentence primitive. Les notes rapprochent ces deux renseignements.

L'arrêt et le journal de Dongois, ainsi éclairés l'un par l'autre, font connaître l'un des travaux les plus importants des Grands-Jours.

La recherche et la poursuite des contumaces étaient spécialement mentionnés dans la *Déclaration portant règlement pour l'instruction des procès qui se traiteront aux Grands-Jours* (1). Des mesures rigoureuses

(1) Voici les passages de cette déclaration relatifs aux contumaces :

Louis, etc... Ayant estably une cour des Grands-Jours en nostre ville de Clermont en Auvergne pour, en l'estendue du ressort que nous lui avons prescript, connoistre et juger de tous les crimes et punir selon la rigueur de nos ordonnances ceux qui s'en trouveront convaincus, et sachant que les principaux coupables mettront leur salut dans la fuite et dans l'espérance que par la longueur des procédures qui se pratiquent pour l'instruction des contumaces la séance de nostre dite cour sera finie avant qu'ils pussent estre condamnés, ne voulant pas que le séjour de nostre dite cour dans la province soit inutile, ny que ceux qui sont accusés de crimes énormes se procurent l'impunité par leur absence, ordonnons qu'il soit procédé par nostre dite cour à l'instruction et jugement des procez de tous ceux qui seront déférés et prévenus de crimes le plus sommairement et briefvement que faire se pourra. Et pour cest effect voulons que tous ceux contre lesquels il y a dès à présent jugement de contumaces donnés, tant par Arrêts que par Sentences, soient tenus de se représenter et venir purger en ladicte Cour dans quinzaine après publication des présentes, autrement et à faute de ce faire, garnisons seront mises en leurs maisons, places et chasteaux, qui y seront nourries sur le revenu de leurs biens; en cas de refus d'ouvrir lesdites maisons et de résistance à Justice, lesdites maisons seront rasées et démolies, sans qu'elles puissent à l'advenir estre réédiffiées, et les matériaux vendus à nostre proffit.

Enjoignons à tous Baillifs, etc... de faire des roolles signés de leurs greffiers contenant les noms et qualitez desdits condamnez par contumace, lesquels seront envoyés incontinant et sans délay au Greffe de ladicte Cour, ensemble leur sentence de condamnation pour estre procédé ainsi que de raison, mesme seront les maisons desdits condamnez par contumace, qui ne se représenteront pas en nostre dicte cour, rasées, si par elle il est ainsi ordonné; Et pour l'égard de ceux contre lesquels il y a deffaut et contumace et qui ne sont

étaient ordonnées. Les délais ordinaires étaient abrégés.
Il était dérogé aux coutumes et usages contraires aux pres-
criptions édictées par cette déclaration qui reproduisait

pas encore condamnez... d'instruire promptement lesdites contumaces et
procès. Voulons que ceux contre lesquels il y aura décret de prise de corps
et adjournement personnel émané de ladicte Cour ou de nos juges, ne soient
reçeus à proposer exoine qu'au préalable ils n'ayent obéi et se soient rendus
prisonniers es prisons de Clermont ou du plus prochain Juge Royal de leur
résidence..... Voulons que garnisons soient mises es maisons de ceux contre
lesquels il y aura décret et qui ne se seront point représentés à Justice, leurs
biens saisis et annotez, régis et gouvernés par commissaires qui en jouiront
sous nostre main et à nostre proffit, Déclarant que tous les fruicts echeus
depuis et pendant ladicte contumace, acquis en pure perte sans espérance de
les pouvoir recouvrer. Enjoignant à nos receveurs faire procéder à la vente
des meubles et fruicts recueillis qui se trouveront es maisons desdits contumax..... Les noms des condamnés par contumaces, tant par nostre dite Cour
qu'autres Juges seront mis en un tableau, qui sera attaché es portes et entrées
des villes et aux potteaux des marchés et places publiques, à ce que personne
n'en prétende cause d'ignorance et chacun ayt à saisir au corps et représenter
à Justice les dénommez audit tableau.....

Enjoignons à tous Baillifs..... mettre à exécution lesdits décrets... et pour
le faire, s'accompagner de tel nombre d'archers et gens de guerre et autres
qu'ils jugeront estre nécessaire. Enjoignons aux Gouverneurs, Maires et
Eschevins des villes, prester main forte auxdits officiers, mesmes auxdits Gouverneurs de faire mener le canon devant les places et chasteaux de ceux qui
tiendront fort contre la Justice et favoriseront lesdits accusés, sur peine contre
ceux qui auront refusé d'ayder à l'exécution des décrets de privations de leurs
estats et offices. Faisons défenses à toutes personnes de quelque qualité et
condition qu'elles soient de recevoir lesdits contumax, mesme sous prétexte
d'hospitalité ou autrement (a). Et à tous gentilshommes de les retirer en leurs
chasteaux et maisons. Mais les uns et les autres seront tenus de représenter
lesdits accusés et de faire ouverture de leurs maisons pour la perquisition des
délinquants, toutes fois et quantes qu'ils en seront requis, à peine contre les
gentilshommes de dégradation de noblesse, démolition et rasement de leurs
chasteaux et confiscation de corps et de biens. Faisons aussi prohibitions à
toutes personnes de leur bailler aucunes armes, chevaux, équipages de guerre
ny fournir et administrer vivres, moyens et commoditez, ny les accompagner,
assister et prester ayde, directement ny indirectement, ensemble receler, cacher
et latiter aucuns meubles et fruicts, deniers ou autres effects à eux apparte-
nans ou prester leurs maisons pour serrer lesdicts meubles et effects. Voulans
que tous ceux qui les cachent et détiennent, ou qui scavent les personnes qui
les possèdent et recellent viennent promptement à révélation par devant les
Juges des lieux, à peine de punition corporelle. Enjoignons à notre Procureur

(a) Copié sur les Arrêts de 1579, 1582, 1583, 1599, (Note de Dongois),

les dispositions les plus rigides et les plus sévères de la jurisprudence.

« Par la déclaration vérifiée le 1ᵉʳ octobre, dit Dongois, (fol. 142) il étoit ordonné que ceux contre lesquels il estoit intervenu des jugements de contumace ou par arrêt ou par sentence, seront tenus de se représenter et de venir purger dans quinzaine, autrement...

» De sorte que toutes les sentences de contumace ayant esté apportées par les juges en exécution de l'arrest du... il s'en trouva un très-grand nombre dont les unes avoient esté exécutées en effigie et les autres non.

» Lorsqu'elles ne l'avoient pas esté, on prenait une somme sur les biens et l'on en ordonnoit l'exécution par effigie.

» Et lorsqu'elle l'avoit esté, quand les cinq ans de la contumace, depuis l'exécution n'étoient pas expirées, on prenait seulement une somme.

» Et quand la sentence étoit exécutée et les cinq ans expirés, on n'y touchoit plus.

» Comme le premier des arretz de cette nature fut donné au rapport de Monsieur Malo, on appela tous ceux qui furent donnez ensuite, des Arretz de Monsieur Malo. »

Dongois reproduit ensuite la plus grande partie de la formule de ce premier arrêt contre les contumaces : « Après le veu de la sentence et du certificat du geollier de Cler-

---

général..... compulser entre les mains des notaires les contracts d'accord, ventes de terres, baux à ferme avec advance de deniers faits par lesdits contumax ou accusés, tous lesquels actes seront apportés au greffe de ladicte Cour par lesdits notaires dans huitaine. En conséquence de quoy nous déclarons nostre volonté et intention estre de ne faire ny accorder aucunes grâces, etc.

Déclaration du Roy portant règlement pour l'instruction des procès qui se traiteront aux Grands-Jours. Dongois, fol. 89 et suiv. Recueil Jacquard, p. 43 et suiv.

mont, l'arrest portoit que faute de s'estre par Mosnier représenté, suivant la déclaration du Roy du 31 août, vérifiée en ladite Cour le 1ᵉʳ octobre ensuivant, dans la quinzaine y contenüe, il auroit esté déclaré déchu du bénéfice de cette déclaration, et en conséquence ordonné que les fruits et revenus des biens de Mosnier demeureroient acquis en pure perte au profit de qui par la Cour seroit ordonné, et à cette fin que ses biens seroient saisis et annotés et commissaires y establis qui en rendraient compte, sur lesquels fruits seroit préalablement prise la somme de 1600 livres parisis qui seroit par les commissaires mise ès mains du receveur des amendes de la Cour, pour estre employée ainsi que par Elle seroit ordonné. Enjoint au Bailly de Vic-le-Comte ou son lieutenant de faire incessamment exécuter la sentence de contumace du 24ᵉ janvier 1662, et au substitut du Procureur-général du Roy, d'y tenir la main et d'en certifier la Cour au mois à peine de 500 livres d'amende, comme aussi tant à eux qu'aux prévosts des mareschaux et autres officiers de justice, de tenir la main à l'exécution de l'arrest ; défense à toutes personnes de quelque qualité qu'elles fussent, de donner retraite à Mosnier, à peine, contre les gentilshommes de dégradation de noblesse, démolition et rasement de leurs chasteaux et confiscation de corps et de leurs biens, suivant et conformément à ladite déclaration du Roy. »

Le nombre de ces *Arrêts de Monsieur Malo* fut considérable et plusieurs d'entre eux atteignirent les gentilshommes les plus haut placés de la Province. MM. des Grands-Jours s'acquittaient de leur mission avec une rigueur et dans des conditions « qui n'auraient pas peut-être été pratiquées sous un règne moins absolu », augmentant les pénalités infligées par les premiers juges et employant

des « formes qui ne sont pas usitées dans le Palais (1) »...
Quelques-uns de ces arrêts furent même rendus avec une
telle précipitation qu'on ne recherccha pas exactement les
noms des condamnés et qu'on se méprit sur la qualité
de plusieurs de ces condamnés.

Enfin, à la dernière séance de la Cour un nouvel arrêt,
celui que nous publions, récapitula toutes ces condamnations par contumace, les proclama de nouveau, et ordonna,
conformément à la déclaration du Roi, que les noms des
condamnés seraient publiés et affichés (2).

Cette liste n'avait pas échappé aux patientes recherches
du premier éditeur des Mémoires de Fléchier, mais le
journal de Dongois qui la complète, n'était pas encore
connu. Telle qu'elle était, cette nomenclature sembla sans
importance. « Elle est rédigée, dit M. Gonod, avec une
telle négligence, que quelquefois les individus n'y sont
désignés que par un prénom ou un sobriquet, ou par ces
mots : *le domestique de M. un tel*. Les crimes qui ont
motivé les condamnations n'y sont pas même indiqués.

Voici toutefois le résumé de cette liste :

Condamnés à être pendus.	273
Au bannissement pour plus ou moins d'années.	96
A avoir la tête tranchée.	44
A être rompus vifs.	32
Aux galères (malgré la recommanda- tion dont parle Fléchier, p. 237) seulement.	28
Au fouet, joint au bannissement. .	3

<hr>

(1) Fléchier, éd. Gonod, p. 324.
(2) A Clermont il fut payé 30 livres « au peintre, pour les tableaux et effigies
des condamnés contumaces. »

Ce qu'il y a de plus remarquable, c'est que dans ce grand nombre de contumaces, il n'y a qu'une douzaine de femmes. Il faut dire aussi que de ces condamnations 272 n'étaient que des confirmations de sentences rendues par des tribunaux ou juges subalternes. 201 seulement résultaient immédiatement des arrêts de la Cour.

Il est encore à noter que sur ces 476 condamnations rapportées dans l'arrêt, 114 ne sont pas citées dans Dongois, omissions qu'on s'explique facilement quand on voit, par l'arrêt, qu'en un seul jour il était prononcé jusqu'à cinquante condamnations !

Ces pénalités ne furent pas les seules dont les Grands-Jours frappèrent les accusés qui ne se présentèrent pas. Des amendes considérables furent prononcées contre eux. Pour les seigneurs, possesseurs de châteaux-forts, la Cour ordonna que ces châteaux seraient démolis et rasés, les bois coupés à deux pieds de hauteur, les droits seigneuriaux supprimés, le droit de justice réuni à la justice royale, etc...

Ces mesures qu'il était facile d'exécuter immédiatement, tandis que les coupables se dérobaient par la fuite au châtiment, devaient produire une grande impression : « Les ruines d'une maison appartenant à des gens de la première qualité font souvenir longtemps les semblables de leur crime et de la punition. » Il importait donc que ce terrible exemple fût donné sans retard.

La condamnation du marquis du Palais fut la première qui ordonna la démolition du château du coupable (23 novembre). Le crime comportait un grand châtiment (1); la démolition fut commencée immédiatement.

____

(1) V. Dongois que nous citons à la note 6 de l'arrêt. — V. encore Fléchier (p. 152 de l'édit. Gonod) dont le récit est pleinement confirmé par Dongois.

« Cette démolition ordonnée incessamment et devant que les cinq ans de la contumace fussent expirés, a été reçue diversement » dit Dongois. Les uns trouvaient que, d'après les anciennes lois et notamment d'après l'ordonnance de Moulins, le délai de cinq années était nécessaire. Les autres soutenaient que l'ordonnance de Moulins ne visait point les crimes énormes et que la jurisprudence des précédents Grands-Jours autorisait la mise à exécution immédiate des ordres de démolition.

Dongois relate, sur ce sujet, un long Mémoire étudiant la question des contumaces et recherchant jusque dans l'histoire et dans la législation grecques ou romaines quelles mesures avaient été prises contre les accusés absents : Il cite plusieurs exemples fournis par l'histoire de France de procès faits à des accusés qui avaient fui et il rappelle les condamnations prononcées. Il rapporte enfin plusieurs condamnations prononcées par les Grands-Jours, à diverses époques, et notamment par les Grands-Jours de Riom, en 1546. Aux termes de ces arrêts les maisons ou châteaux des accusés devaient être rasés et il avait même été enjoint au sénéchal de Moulins de faire exécuter l'arrêt dans un mois (Grands-Jours de Riom, 1546, arrêts des 30 octobre et 10 novembre).

Que cette exécution rapide fût ou non autorisée suffisamment par les lois et la jurisprudence, elle n'en eut pas moins lieu. L'exécution des accusés en effigie n'avait aucune importance. La démolition des châteaux ou des maisons frappait bien plus, et, comme remarque Dongois, elle laissait plus d'exemple et de terreur, ce qui était le véritable effet que devaient produire les Grands-Jours.

DE PAR LE ROY

EXTRAIT DES REGISTRES

DE LA COUR DES GRANDS-JOURS

La Cour des Grands Iours à Clermont : Ouy le Procureur général du Roy et requerant l'execution de la declaration du dit Seigneur Roy du 31 aoust 1665, vérifiée en ladite Cour le premier octobre ensuiuant, a ordonné et ordonne que les noms des accusez cy-après nommez, condamnez par contumace, tant par les arrests de ladite cour, que par les sentences des iuges du ressort d'icelle, seront mis en un tableau qui sera attaché és portes et entrées des villes et aux poteaux des marchez, et places publiques, à ce que personne n'en prétende cause d'ignorance, et que chacun ait à saisir au corps et représenter à iustice les dénommez audit tableau, ou ils seront rencontrez : Scavoir Les sieurs Delers, père et fils, et Perelade, condamnez auoir la teste tranchée. Et les nommez Chamel Brun, Robert, Bertrand du lieu de la Motte, Greffier ; Martinon de Reyrolles cadet, Chamel, dit le borgne, à estre pendus par arrest du 23, 1665 (1). Antoine de Precaille, condamné à estre pendu, par sentence du iuge de Mosun du 18 Nouembre 1660. François Mosnier dit le Lacquais, d'estre pendu, par sentence du iuge au comté d'Auuergne à Mirefleur, le 24 Ianuier 1664 (2). Jacques de Saillant, à estre pendu, par sentence du Lieutenant criminel de Clermont, le 7 May 1665. Antoine la Iarrie, condamné à estre pendu, par sentence du iuge de la Tour, du 15 octobre 1653. Les Sieurs de Touratte, cheualier, fils du Sieur de la Mazière, Sausay, la Lande, fils du Sieur de la Salle ; de

et la Vaiche, fils du Sieur de la Bourdaigne, à estre pendu par arrest du 17 Nouembre 1665 (3). Antoine Caby à estre pendu, par arrest du 17 Nouembre 1665 (4). Aymart Arnail, condamné à estre pendu, par sentence du lieutenant criminel de Sallers, le 17 Juin 1662. Antoine Bargonnier, à estre pendu, par sentence rendue par ledit iuge. François Mazuel, à estre (5), par autre sentence dudit Lieutenant Criminel. Les Sieurs Marquis du Palais, père et fils, auoir la teste tranchée ; et Saint Michel, la Roche, Champagne, Picard, et la Magdelaine, à estre rompus vifs, par arrest du 23 Novembre 1665 (6). Charles et François de Chasteaubeaudeau, escuyers, sieurs de la Coudère et de la Baulme, auoir la teste tranchée, par arrest du 25 du mesme mois (7). Pierre Ballestre, d'estre pendu, par sentence du preuost de Neuers du 26 Aoust 1656 (7 *bis*). Antoine Blaud, dit Seloron, d'estre pendu, par arrest du 26 Novembre 1665 (8). Gilbert de Theauge, escuyer, sieur de Cerouly, avoir la teste tranchée, par sentence du Sénéchal du Bourbonnois à Moulins, du 17 Septembre 1660 (9). Jacques Fourmioux, et Guy Pimpaneau ; Pierre Bazenerie dit Lacoros, d'estre pendus, par arrest du 28 Nouembre 1665 (10). Jean Gaschet, d'estre pendu par arrest du 1 Décembre audit an (11). Jacques Sauuage, habitant de Liet, d'estre pendu, par autre arrest du 2 dudit mois de Décembre (12). Le sieur Cleualier d'Est, d'avoir la teste tranchée, par arrest dudit jour 2 décembre (13). Le sieur Cheualier du Maine, d'auoir la teste tranchée, par arrest du mesme jour (14). Jacques Broquin l'aisné et Brouquin le jeune, d'estres pendus, par arrest du 3 dudit mois (15). Louïs du Seel, d'estre pendu par sentence du Juge de Mascon du 27 Octobre 1661. Benoist et Isaac Grain, père et fils, François Lachau, et Martin Chapard, dit la Forest, d'estre rompus vifs, par sentence du bailly de Saint Pierre le Moustier, du 17 Septembre 1665. François Coral, d'estre pendu, par arrest du 5 Décembre 1665 (16). Gabriel de la Garde de Fourmai, et Henry de la Garde, son fils, auoir la teste tranchée, par sentence du préuot d'Auvergne du 23 Aoust 1655. Claude Deydier, et Paparon son neueu, d'estre pendus, par sentence du juge de Salers, du 30 Aoust 1661. Jean Masson fils de Pierre Masson , d'estre pendu , par sentence du marquisat de Saint Chamond, du 8 Février 1663. Les sieurs de la Rousse , de la Priat son fils ; de Montrichaud , fils du sieur du Grenier , d'auoir la teste tranchée : Et Isaac Chassaigne et Jean Benefil, valet du sieur de la Rousse, d'estre pendus, par sentence du Preuost d'Auuergne du 12 Janvier 1658. Les sieurs de Ville-mouse et Fontelard, auoir la teste tranchée , par sentence rendue par le lieutenant general d'Auuergne , du 12 mai 1653 (17). Jean Bertin, dit Maquet, du lieu et paroissse Saint Vincent ; et le nommé Burget, du lieu de Thouset, condamnés à estre pendus, par sentence du prevost d'Auvergne, du 16 novembre 1650 (17*bis*). Le Cheualier d'Esparoux ; et le sieur de Soubrenèche , auoir la teste tranchée ; et les nommez Henry, Maistre d'Hostel du sieur Commandeur d'Estain; Constant, Escourruille, La Roche Dechelade, Berard de Chelade, Jacques Poughel, dit Saint Amour, Jean Montal, dit la Garde, de Saint Salnomy, les nommez Espagnel, Jean Vallade, Lans, le fils de Pierre Beal, d'estre pendus, par sentence du Preuost d'Auuergne du 1er Février 1651 (18). Ester Rachon et Jean Chabrier, condamnez à estre pendus, par sentence du Preuost d'Auuergne, du 31 Juillet 1665 (19). Mathieu Caron, marchand cloustier, condamné d'estre pendu, par sentence du juge de Saint Chamond du 14 Novembre 1662 (20). Jacques Thomas, natif de Lanaure en Dauphiné, d'estre pendu, par sentence du mesme juge, du 12 Septembre audit an 1662 (21). Le Sieur Baron de Blot condamné d'estre pendu pour crime de Duel, par arrest du 15 Décembre 1665 (22). Gabriel de Gouzel , sieur de Lauenal , les nommés caps , son valet ; le jeune Riberou ; Montouly ; Saint Amour ; Jacques Douert ; sieur de Chambou ; le fils de Perignat dit le La Garenne, le bastard Desgressat, Ragher dit la Motte, d'estre pendus, par sentence du Preuost d'Auuergne , des 13 Mars et 28 Septembre 1658 (23). Paul et Antoine Trouïllet, d'estre pendus, par arrest du 17 Décembre 1665 ; Catherine Couchod, d'estre pendue , par sentence

du juge de Saint Chamond , du 19 Décembre 1658 (24).
Alexandre Dossanges dit le Feu, le nommé Valladière de Saint
Paul , d'estre pendus , par sentence du Preuost d'Auvergne
du 9 Juillet 1649 (25). Jean Louis Daurador, Serlant, Argen-
tcourt son ualet, Antoine Dubuisson fils de Jacques, d'estre
rompus vifs, par sentence du Preuost d'Auuergne, du 31 Juillet 1663 (26). Claude Theuenau , d'estre pendu , par arrest
du 18 Décembre 1665 (27). Louys de la Poudelle Escuyer,
sieur de Veyrat , Jean Peblu et son fils ; et les sieurs Dauradour, sieur de Taurilland, Lestrade l'aisné, et Rieuzede, d'estre
rompus vifs, par sentence du Lieutenant criminel de Rion (28).
Le nommé Roussins dit l'Auuergnat, d'estre pendu ;
Dauid, apprentif d'Antoine Pallu et le nommé Bouclet, bannis
du ressort de ladite cour pour cinq ans, par arrest du 18 Décembre 1665 (29). Pierre François dit la Garenne , bastard
Degraisses , Les nomméz Belleribe fils de Perignac et Darle,
d'estre pendus par sentence du Preuot d'Auuergne du 4 Décembre 1658 (30). Estienne Borthon , clerc de Maistre Claude
Piegay, Advocat à Lyon, d'estre pendu, par sentence du Lieutenant criminel de Robbe courte de Lyon, du 25 octobre
1664 (31). Guy Sergniat thuillier , d'estre rompu vif , par
sentence du juge de Saint Julien du 20 Mars 1662 (32). Cezar
Sauzain , Marchand Espicier de la ville de Lyon, d'estre pendu,
par sentence du Lieutenant criminel dudit lieu (33). Le nommé
Brossaud , d'estre pendu , par sentence dudit Lieutenant criminel , du 16 décembre 1650 (34). Pierre Viollet, du lieu
de Couël paroisse de D
d'estre pendu , par sentence du juge de Saint Chamond , du
16 Décembre 1659 (35). André Condour Bonnelin , d'estre
pendu, par sentence du juge de Ceruieres du 3 juin 1663 (36).
François Vincent dit Thomard, d'estre pendu , par sentence
du juge de S. Chamond, du 9 Aoust 1664 (37). Joseph de
Laire, du bourg de Marsat et Jean Sauuaghac, d'estre pendus,
par sentence du juge de Riolz , du 21 Avril 1661 (38). Jean
Berard fils de Claude, d'estre pendu , par sentence du juge du
marquisat de Saint Priest du 26 Septembre 1665 (39). Antoine Pastural (40), d'estre pendu, Antoine Villard, dit Lachy,

condamné aux Galleres pour cinq ans. Jean Blin, Pierre Rolland et Jean Pastural, bannis de la justice de Bren, pour neuf ans, par sentence du juge dudit lieu du 29 Mars 1662. Benoist du Pont, d'estre pendu, par sentence du juge de Beaujeu du 20 Octobre 1665 (41). Leonard Jourdan, d'estre pendu, par sentence du Lieutenant criminel de Lyon du 11 Septembre 1662 (42). Gilles Barrois et le nommé la Tour, operateurs, d'estre pendus, par sentence du Lieutenant criminel de Lyon, du 27 Janvier 1665 (43). Etienne Saury, d'estre pendu, par sentence du Preuost de Beaujeu du 20 Octobre 1665 (44). Le nommé la Vigne, d'estre pendu, par sentence dudit lieutenant criminel de Lyon du 23 Décembre 1647. Le nommé Martin Trompette du nommé la Bretonnière, capitaine au Régiment de l'Islebonne, d'estre pendu, par sentence du Preuost des Mareschaux de Niuernois, du 9 Juin 1657 (45). Blaise Brun, Huissier et Archer du Guet à Clermont, d'estre pendu par sentence du Lieutenant criminel dudit lieu, du 23 Décembre 1664 (46). François Mouuat, et Marguerite Moutet, fille, d'estre pendu, par sentence du Lieutenant criminel de Ceruieres du 23 Juin 1664 (47). Gabriel Roche, d'estre pendu, par sentence du juge de Saint Etienne, du 18 Juillet 1650. François Ratiuet, habitant de Lissera, d'estre pendu, par sentence du Lieutenant criminel de Lyon, du 15 Décembre 1662 (48). Le nommé Martin Lambert, mercier ; et Estienne, Serrurier, d'estre pendu, par sentence du Lieutenant criminel de Lyon, du 12 Juillet 1663 (49). Claude Thuillier et François Corbière, d'estre pendus par sentence du juge des terres de Seuignon, du 14 Juillet 1665 (50). Toussaint Réal, laboureur, demeurant à Corcelles, d'estre pendu, par sentence du juge de Courcelles, du 21 Juin 1656 (51). Mathieu Montmartin, habitant la ville de Saint Estienne de Furan, d'estre pendu, par sentence du Marquisat de Saint Priest, du 26 Septembre 1665 (52). Claude Odun, d'estre pendu, par sentence du juge de Beaujeu, du 18 Septembre 1661. Claude Clément dit Chausson, d'estre rompu vif, par sentence du juge de Saint Estienne de Saint Priest, du 26 Septembre 1665 (53). Jean Pion, dit l'Espérance d'estre pendu, par sentence dudit juge de Saint Priest dudit jour 26 Septembre 1665 (54). Estienne Badel à Saint Chamond, d'estre pendu par sentence du juge dudit lieu, du 15 May 1664 (55), Christophle Garson (56), les nommez Arnault et Rollet ; d'estre pendus par arrest du 4 Janvier 1666 (57). Mathieu Motores, d'estre pendu, par sentence du juge de Saint Chamond, du 8 Avril 1662 (58). Mathieu Sricon, dit le Redimanche, d'estre pendu, par sentence du juge de Saint Estienne, du 26 Septembre 1665 (59). Jean Gascon, naturel de Jean Gascon d'estre pendu, par sentence du juge de Montpensier, du 13 Décembre 1662 (60). Jacques Neyronda, dit Sanson, du Lorier, Guillaume Garnier, et Barthélemy Pascal, d'estre pendus, par sentence du Lieutenant criminel de Riom, du 28 Mars 1647 (61). Jean Dugard Chastelain de Bellefaye, et la Forest Magdelon, d'estre pendus, par sentence du juge de Montpensier du 3 Décembre 1661 (62). Antoine et Mathieu Naulard frères, d'estre pendus, par arrest du 9 Janvier 1666 (63). Jean Chastaigne le jeune, d'estre pendu, par sentence du Bailly de Roüanne, du 11 Feurier 1661 (64). Antoine Pinel (65) ; Antoine Pousson (66) ; Brossard ; Moïse Goulenoire, marchands, d'estre pendus, par sentence du Lieutenant criminel de Clermont, du vingt troisième Juin Mil six cent soixante-quatre. Pierre Thomas, d'estre pendu, par sentence du juge de Saint Estienne du premier Juin mil six cent soixante cinq (67). Le nommé Grandmaison joüeur d'instrumens, d'estre pendu par sentence du Lieutenant criminel de Lyon du dixhuictième Juillet 1662 (68). Criste Muiset, d'estre pendu, par sentence dudit Lieutenant criminel de Lyon, du cinquième Mars 1663 (69). Le fils aisné de Maugeau (70); de la Grange; de Large, d'estre pendus, par sentence du Bailly de Berry à Bourges, du dixième Septembre 1663. Jean Chaudesson, dit Pallier, d'estre pendu, par sentence du Lieutenant criminel de Riom, du 12 Nouembre 1649 (71), Philiberte Burtin, veufve Benoist Cadot dit Gazel, d'estre pendue par sentence du juge Chaintée, près Mascon, du 22 Septembre 1662 (72). Jean Sarrazin, d'estre pendu, par sentence du Lieutenant criminel de Riom, du 22 Mars 1664 (73). Louis Dulac, Cheualier, sieur de

Bonnelis, d'estre pendu ; et Jacques Dulac, banny pour cinq ans de la Séneschaussée d'Auvergne, par sentence dudit Lieutenant criminel de Riom, du 22 Nouembre 1658 (74). Antoine Besson, d'estre pendu, par sentence du juge de Chastelus, du 12 Octobre 1657 (74 *bis*). Antoine Morsenat, et Antoine Montel, d'estre pendus, par sentence du Lieutenant criminel de Riom du 5 Auril 1653 (75). Georges Obtumade, fils de Jacques, d'estre pendu, par sentence du Bailly de Vellore du 18 Septembre 1665. Guillaume Gripel, dit le Mousqueton, concierge à Aulnogne, d'estre pendu, par sentence du bailly de Montboissier du 3 Juillet 1658 (76). Honoré de Brignolle, et le nommé la Frison, d'estre pendus, par arrest du 9 Januier 1666 (77). François le Clerc, d'estre pendu, par sentence du juge de Montpensier, du 19 Aoust 1653 (78). Guillaume Oliuier, sieur du Monceaux, d'estre pendu par arrest du 11 Janvier 1666 (79), Nicolas Couchet, d'estre pendu, par sentence du juge de Bois Aligny (80). Jean Bringan, boucher, d'estre pendu, par sentence du juge de Ceruières du 23 Juin 1664 (81). Philippe Chanteuil, d'estre pendu, par arrest du 12 Janvier 1666 (82). Antoine de la Vergne, d'estre pendu, par sentence du juge de Vellore, du 19 Septembre 1664 (83). Claude et autre Claude Igonnaux père et fils, d'estre pendus, par sentence du Lieutenant criminel d'Aubusson, du 7 Januier 1664 (83 *bis*). Louis Richon fils d'Antoine Richon, et Jean Laquitte, d'estre pendus, par sentence du Lieutenant criminel de Riom, du 4 Aoust 1648 (84). Antoine Marmomuit, d'estre pendu, par sentence du Lieutenant criminel de Riom. Claude Mouldre, seruiteur domestique du sieur de Coutreson, d'estre pendu, par sentence du juge de Cheuigny Tombard, du 20 Octobre 1645 (85). Le fils du Guernier de Sermoly le jeune, d'estre pendu, par sentence du juge de Monthieu près Thiers, du 28 Mars 1665. Quentin Doutre, dit Charboulin, d'estre pendu, par sentence du Bailly de Montpensier du 4 Nouembre 1665. Jacques de Beaufort Canillac, sieur de Jaunet ; François de Beaufort Canillac, et Jean Louïs Dauradour, cadet Desjolant, sieur du Verdier, auoir la teste tranchée ; et Girard Tournadre d'estre pendu, par arrest du 12 Januier 1666 (86). Pierre Ballestre , d'estre pendu, par sentence du Lieutenant criminel de Lyon (87) ; Marguerite Hermand (88) , fille de Benoist Hermand, d'estre penduë par sentence du Bailly de Mazaye. Antoine Marruuier, d'estre pendu, par sentence du juge d'Aisnay, à Lyon (89). Médéricq de la Roche, condamné à estre pendu, par sentence du Bailly du Duché de Roüannois , du 10 Feurier 1661 (90). Jean Charpy, condamné d'estre pendu, par sentence du juge de Ceruieres (91). François Danglaret, fils de Damoiselle Anne de Ligault, auoir la teste tranchée, par arrest du 14 Januier 1666 (92). Michel Gouueton l'aisné ; et Pierre Gouueton, d'estre pendus par sentence du Preuost des Mareschaux d'Auuergne, du 14 Mars 1653 (93). François de la Roche, Escuyer, sieur des Angles, d'auoir la teste tranchée, par sentence du Preuost d'Auuergne, du 12 Juillet 1661. Antoine Bertigniat, d'estre pendu, par sentence du juge de Roche Sauyne, du 6 octobre 1657 (94). Le sieur Desmarets , auoir la tête tranchée , par sentence du Lieutenant criminel de Lyon (95) ; Antoine Palson, d'estre pendu, par sentence du juge d'Aliergues, du 7 Décembre 1655 (96). Pierre du Plan, dit Grand Pierre, d'estre pendu, par sentence du Lieutenant criminel de Lyon, du 4 Septembre 1654 (97). Jean et Clement Chazier (98) et Antoine Laudon, d'estre pendus, par arrest du 15 Januier 1666. Le nommé Carabin, d'estre pendu , par sentence du juge de Ceruieres , du 23 Juin 1664 (99). Michel Dargies (100) et Pierre Mallet, dit Bellegat, d'estre pendus, par sentence du juge de Montpensier, du 14 Auril 1650. Léonard Villatte, d'estre pendu, par arrest du 16 Januier 1666 (101). Claude Diuasse, Matthieu et Estienne Berland, d'estre pendus par sentence du Bailly Doliergues, des 23 Januier et 26 May 1663 (102). Jean Boucthomme, dit Saigne, d'estre pendu, par sentence du Bailly d'Aliergues, du 24 Mars 1656 (103). Valentin Deseros, condamné estre pendu, par sentence du juge de Ceruieres, Antoine Chauatron, d'estre pendu, par sentence du juge d'Aliergues , Jean Croix, d'estre pendu, par sentence du juge de Mascon du 5 Juillet 1662 (104). Le sieur Baron de Sallers, auoir la teste tranchée par arrest du 21 Januier

1666 (105). Jean Michon, dit du Montet, d'estre pendu, par sentence du juge de Cheuaigny le Lombard, le nommé Lagrange et le vallet du sieur de Millefaut, estre pendus, par sentence du juge ordinaire de Saint Paulin (106). Jean et Louys Josuin ; Pierre de Cosme, Pierre Seruoir, d'estre rompus vifs : Jean Gilbert dit Capelle ; Mayeul ; Capitel, et Jacques Perrau, juge de Souuigny, d'estre pendus, par arrest du 21 Januier 1666 (107). Jean Gérard, d'estre pendu, par sentence du juge de Beaujollois (108) ; Claudine Genon et Jacqueline Picart, estre penduës, par sentence du juge de Belleuille ; les nommez Desmaretz ; Lalin, Montelard, d'estre pendus, par sentence du Lieutenant criminel de Saint Pierre le Moustier (109) ; Jean et Antoine Sautereaux et Jean Fillon, estre pendus, par sentence dudit Lieutenant criminel de Saint Pierre le Moustier (110) ; Etienne Dupuy, Gabrielle Barat sa femme, et Jacqueline Goceau sa belle-mère, d'estre pendus, par sentence du Bailly de Bouthonnargues, du 28 Septembre 1665 (111). Estienne Terrat, estre pendu, par sentence du juge de Sauigny, du 29 May 1658 (112). Charles Gaspard Despinchal, seigneur de Massiat, auoir la teste tranchée, par sentence du Lieutenant criminel de Riom, du 27 Aoust 1662 (113). Le Nommé Dantoine, estre pendu, par arrest du 23 Januier 1666 (114). Claude Chemarin, estre pendu, par sentence du juge de Chauigny le Lombard, du 25 Juillet 1656 (115). Louys Saulnier, condamné à estre pendu (116) ; et Claude Voulpat, banny à perpétuité, par sentence du Juge de Foulouze, du 6 Octobre 1655. Jean Gonon dit Sureau, estre pendu, par sentence du juge de Darguy, du dernier Juin 1662 (117). Le nommé Francœur, valet de chambre du sieur de saint Léger, d'estre pendu, par sentence du Lieutenant criminel du Beaujollois, du 3 Décembre 1663 (118). Antoine Monteil; et Michel Desaigne, estre pendus, par sentence du Bailly de Meymond, du 21 Aoust audit an 1663 (119). Pierre Bousset et le nommé du Preste, soldats au régiment Leonnoat, estre pendus, par sentence du Lieutenant criminel de Lyon, du 6 Octobre 1663 (120). Les nommez Gabriel Brun, sieur de Bosuoir ; Gabriel Brun, dit le Mazel (121); Gordelle, le Buisson, la Vallette, auoir la teste tranchée, Plantin (122), valet de chambre du sieur comte Dapchier, d'estre pendu par sentence du Preuost général d'Auuergne, du 27 May 1659. Les nommées Jeanne et Constance Humbert, Volerre, et Estienne Combes, estre pendues, par sentence du Lieutenant criminel de Lyon, du 3 Septembre 1663. Le nommé Jarrand, facteur du sieur Boucquet, marchand à Lyon, estre pendu, par sentence dudit Lieutenant criminel de Lyon, du 13 Januier 1662 (123). Deux Moïses et Claude Mocquin du Pontchon, estre pendus, par sentence du Lieutenant criminel du Beaujollois, du 24 Mars 1665 (124). Messire Jacques Thimoleon de [Beaufort, Marquis de Canillac, auoir la teste tranchée; les nommez Pioquet; François Joüannet, palfrenier; Saint Germain, bastard; François le Cocher Polidor, d'estre pendus, par arrest du 26 Januier 1666 (125). Jean du Viuier dit Jacob, estre pendu, par sentence du Lieutenant criminel de robbe courte de Lyon, du 11 Septembre 1662 (126). Les nommez Grandual et Paudeuaux, avoir la teste tranchée; Desjardins et Baptiste, d'estre pendus, et la Damoiselle Gabrielle de Granual, bannie pour cinq ans, par sentance du Lieutenant criminel de Mascon, du 28 Januier 1655 (127). Jacques et Charles Paiges, et Jean Auenal, estre pendus par sentence du juge de Vaudable (128): Les nommez Fuchier du Trègue; Louys Sechy, et Martin, estre pendus, par sentence du Lieutenant criminel de Lyon, du 6 May 1661 (129). Jean Dulac de Reconsac, estre pendu, par sentence du juge de Ceruieres (129*bis*); le sieur Moreau la Brohar, et son valet, estre pendus, par arrest du 28 Januier 1666. Antoine Martin de Danée, estre pendu, par sentence du juge du P

du 30 Septembre 1659. Maistre Mathieu Bilhon, Prestre curé de Saint-Pierre le Vieux, estre pendu, par arrest dudit jour 28 Januier (130); Antoine Croquet, estre pendu, par sentence du lieutenant criminel de Saint Pierre le Moustier du   Septembre 1664 (131). Pierre Bonnefons, exempt de la Mareschaussée d'Auuergne, et le nommé Oriot, d'estre pendus, par arrest du 30 Januier 1666 (132). Jean Chambon et Jean Taillandier, du village de Proué, estre pendus, par arrest dudit jour 30 Januier (133); Guillaume Texier; Etienne le Seures; Pierre Seruage; les nommez Cortallier; et Estienne Flagel, estre pendus, par arrests dudit jour (134); François de Sallers, Escuyer, sieur de Chaueriuiere, auoir la teste tranchée, par arrest du mesme jour : Estienne Chamberon, et Antoine de Beauregard, estre pendu, par arrest dudit jour (135); Jacques Geille officier de la Reyne Mere, estre pendu, par arrest dudit jour (136); Guy Danglaret, escuyer, sieur Darchies, auoir la teste tranchée, par autre arrest dudit jour (137) : Guillaume de Chambes, dit la Fontaine, estre pendu, par arrest dudit jour; les nommez Antoine de Chardonnay, sieur de Bronillye, Pierre Thibault, dit Montdemy; et Estienne Bardin, estre pendus, par sentence du Lieutenant criminel de Beaujollois, du 6 Féurier 1665 (138). Philibert de Vallard, sieur de la Reuolte, Maximilien et Pierre de Villard, sieurs de la Brette et de Verghezat, auoir la teste tranchée, par sentence du Lieutenant Criminel de Riom, du 5 octobre 1657 (139). Annet Sauy, estre pendu, par sentence du Juge de Vellore, du 16 Juillet 1647. Antoine Closteau du Trembelme, estre pendu, par sentence du juge de Saint Pourrain, du 13 septembre 1655 (140). François du Plessis, Louys Gombauld, et Claude Bajollet, estre pendus, par arrest du 30 Januier 1666 (141). Charles de Beaufort, Marquis de Canillac, fils, auoir la teste tranchée, par arrest dudit jour (142); Christophle comte Dapchier, et le sieur de la Tour, auoir la teste tranchée, les nommez Albaret, Chausson, Chaligon, Vidal, Beauuoir, Rochere, le Muet, Matel, Chicard, de Marat, de Montbas, le Vernel; Rambert, la Coste; et Gamel, estre pendus, par arrest dudit jour (143). Jean Dulac, estre pendu, par la sentence du Lieutenant criminel de Ceruieres, du dernier Feurier 1665. André et Siluine Bernard, bannis, par sentence du juge de Saint Chartier, du 4 Septembre 1657. Pierre Combos, condamné aux galeres pour cinq ans, par sentence du Lieutenant criminel de Clermont, Magdelaine Ribes, femme de Jean Girardet, François Jambos, bannis à perpétuité, par sentence du Lieutenant criminel de Clermont, du 22 May 1663 (144.) Jean Mouuet, condamné au fouët, par sentence du Lieutenant criminel de Casset, des 8 Juin 1655 et 19 Januier 1659. Leon Barbansois, Prieur de Saint Victor, et Martin Dallier, dit Gambade, bannis à perpétuité du Royaume, par arrest du 18 Nouembre 1665 (145), Pierre Audoüin, marchand demeurant a Ahan, banny pour trois ans de la Sénéchaussée d'Auuergne, par arrest du 19 dudit mois de Novembre (146). Guy du Vernet; la Varenne, le nommé du Montel, Lasne, et Guichier, estre rompus vifs, par arrest du 20 dudit mois de Novembre (147) : Christophle, Gabriel et Claude Gontereaux, Pierre Lallemand, dit le Cadet, François Bellet, dit le Capitaine, et Guillaume Moussy, bannis à perpétuité du royaume par arrset du 23 dudit mois de Nouembre (148). Jean de Laneau, Gilbert de la Monyetière, Barthelemy, valet du Bragu, Jean Anchesne, et Mathurin Gabillon, bannis de la Séneschaussée d'Auvergne, ledit de Laneau pour un an, et les autres pour neuf ans (149). Le nommé Petit-Jean, estre pendu, par sentence du juge de Sallers, du 21 octobre 1662. Le nommé de Juigmers, à estre pendu, le sieur de Iaunets, la Fontbardon, bannis du Berry, et du ressort de la cour des Grands-Jours pour cinq ans, par arrest du 2 décembre 1665. Siluain la Mat, banny du ressort de la cour des Grands Jours, pour cinq ans, par arrest du 10 décembre 1665. Montgou, sieur de la Riuiere, condamné aux galeres pour trois ans, par sentence du Prevost d'Auvergne, du 23 May 1664. Jean de Boisredon, sieur de Leui, chevalier Dupuysaint G.   estre rompu vif. Le sieur Courteix et le sieur de Geat, auoir la teste tranchée ; et les nommez Pontgibault, et Lorange, estre pendus, par sentence du Preuost d'Auuergne, du 26 Juin 1652 (149bis). Siluain le Muet, banny du ressort des Grands-Jours pour cinq ans, par arrest du 20 Décembre 1665. Léonard Cousturier, seruir le Roy en ses galeres pour cinq ans, par arrest du 24 dudit mois de décembre (150). Mathieu Feraton, condamné aux galeres pour neuf ans, par arrest dudit jour (151). Louïs et Jean Lhulier, aux galeres pour neuf ans par arrest de 28 novembre 1649. Remond Mort, dit la Fleur, condamné aux galeres pour cinq ans, par sentence du Lieutenant criminel de Lyon du 15 May 1657. Gilbert et Mathieu Alabert (152), dit du Caurat ; et Claude Sellier, dit l'Hospital, banny du ressort des Grands-Jours pour cinq ans, par arrest du 4 Januier 1666. Gilbert Mercier et   Perrot, bannis pour trois ans, par sentence du juge de Montpensier, du 13 decembre 1661. Jean et Claude Veissiere (153), sieurs de la Reaulet et de Saint Saturnin, condamnez aux Galeres pour cinq ans, par sentence du Lieutenant criminel de Riom, du 20 Novembre 1646. Antoine Pichaud, aux galeres pour cinq ans, par sentence du juge de Chasteau-Morand, du 20 Juin 1659. Claude Chatebas, dit Lamour; et Jean Dumas, aux galeres à perpetuité, par sentence du Lieutenant criminel de Riom, du 27 Juillet 1648 (154). Jean et Antoine Borne, freres pour trois ans, par sentence du juge de Montpensier, du 25 Fevrier 1665 (155), Michel Allegre, et Jacques Clerc, condamnez au fouët, et bannis par sentence du Bailly de Ma

Les nommez dela Garde, la Granière, la Roche, le Mareschal la Motte, son frere; le Boulanger, et le nommé Chadrat, condamnez aux galeres pour trois ans, par sentence du Lieutenant criminel de Riom. Le nommé Lheritier, banny à perpetuité; et la Coste, pour trois ans, par sentence du Lieutenant criminel de Robbe courte de Lyon, du 28 Aoust 1665, (156). Jacques et Jean Neyret, et Jean Boittiere, bannis du ressort des Grands Jours, par arrest du 6 Januier 1666 (157). Jean Mandres, dit le cadet, banny à perpetuité du Royaume, par arrest du 18 dudit mois de Januier (157 *bis*). Gilbert, et Antoine Dabenest, Escuyers, sieurs de la Fernandieres ; les nommez Jean et Siluain, leurs valets, bannis pour cinq ans, par sentence du Preuost du Berry, à Chasteauroux et Argenton. Le nommé la Chapelle, banny pour cinq ans du ressort des Grands-Jours, par arrest du 21 Januier 1666 (158). Le Sieur Marquis de Leuy, banny pour neuf ans du ressort du parlement, par arrest dudit jour (159). Antoine et Jean Baronet freres, René Baronnet; Guillart, François Baronnet, dit Formages, René Peris, et

Louys Valentin, bannis du ressort des grands jours pour cinq ans, par arrest du 22 dudit mois de Januier (160). Jean Carret, dit Gassion, condamné aux galeres à perpetuité, par sentence du Lieutenant criminel de Saint Pierre le Moustier, François Héraut et le nommé Guerigneau, Archers, bannis pour neuf ans du ressort de ladite cour, par arrest dudit jour (161). Les nommes Sainte Marie de la Vigerie, Germin, son frere, Fabert, dit la Marche, des Lauriers, Jacques de Combaret, Jean Commin, Jean Marchardier, fils de Simon la Verdure, Jean et Benoist Autesse, Jean Nicolas, Charles Chambre; Saudrant, et François de la Bastide, Sieur de Iouic, bannis du ressort du Parlement pour cinq ans, par arrest du mesme jour 22 Januier (162). Claude Charmeton le Borgne, condamné aux galeres pour neuf ans, par sentence du juge de Sauigny, du 19 Aoust 1665 (163). Hannibal Guilet laisné, banny du Lyonnois, Forests, et Beaujollois pour trois ans, par arrest du 27 Januier 1666. Les nommez Rigondin, Sieur Dessollars; Rigondin, Sieur Duponlais, Forgeron, Grenet, François Boyer, et Laurent dit la Roche, bannis du ressort de ladite cour pour cinq ans, par arrest du 26 dudit mois de Januier (164). Benoist Festard, condamné aux galeres pour cinq ans, par sentence du Lieutenant criminel de Mascon, du 17 Septembre 1664. Laurent Courtial dit Viuares, Claude Bernard, Antoine Dinet, Trompette, Bidon, et la Fortune, Archers de la Mareschaussée de Roüanne, condamnez aux galeres pour cinq ans par arrest du 27 dudit mois de Januier (165). Annet Chaslus, aux Galeres pour neuf ans, par autre arrest dudit jour (166). Jean du Besse, chirurgien à Bilhon, banny du ressort des Grands-Jours pour cinq ans par arrest du 28 dudit mois de janvier (166 *bis*). Louys et Georges de Virgilles freres, bannis du ressort des Grands-Jours pour cinq ans, par arrest du 28 Januier 1666 (167). Charles Desearts, Marquis de Meruille, banny du ressort de ladite cour pour neuf ans, par arrest du 29 dudit mois (168). François de Landouze, Sieur Dezearts, banny pour neuf ans du ressort de ladite cour, par arrest du 30 dudit mois de Januier (169). Les nommez Latour; de Murat, son gendre, de Lombard, son fils naturel;

Herbernoit ; la Jeunesse ; le Perus ; Durand , et Laurent, autrement, Maillets , bannis pour trois ans du ressort de ladite cour, par arrest dudit jour. Les Sieurs de la Monyat, nommé Cheualier , la Motte et le cadet , bannis du ressort de ladite cour pour neuf ans par arrest du mesme jour. René Debroüilly, Escuyer, sieur de Chauin : et les sieurs de Montelebeau : Puisagneau , Barize, et Fournier , bannis du ressort de ladite cour pour trois ans, par autre arrest dudit jour (170). François Ieudy, dit le Capucin, Sieur de Noyamont, banny à perpetuité du Royaume , par arrest dudit jour 30 januier 1666.

Enioint ladite covr à tous Baillifs, Seneschaux, Vice-Baillifs, Preuosts des Mareschaux , ou leurs Lieutenans , et Iuges du ressort desdits Grands-Jours, de tenir la main à l'exécution du present Arrest. Fait defenses à toutes personnes de quelque qualité et condition qu'elles soient, de receuoir lesdits condamnez par contumace , mesme sous pretextc d'hospitalité , ou autrement , et à tous Gentilshommes de les retirer en leurs chasteaux et maisons, sous quelque pretexte que ce soit : ains seront tenus de représenter lesdits Accusez et faire ouuerture de leurs maisons pour la perquisition desdits condamnez , toutes-fois et quantes qu'ils en seront requis , à peine contre les Gentils-hommes de dégradation de noblesse, demolition et rasement de leurs Chasteaux , et confiscation de corps et de biens. Fait pareillement defenses à toutes personnes de leur bailler aucunes armes , cheuaux , equipage de guerre ; ny fournir et administrer viures , receler et latiter aucuns meubles et fruits , deniers , autres effets à eux appartenants. Et sera le présent Arrest leu et publié par tous les Siéges du ressort desdits Grands-Jours. Fait en ladite cour des Grands-Jours à Clermont , le 30 Januier 1666. *Signé* PERTHVIS.

Le susdit arrest a esté leü, publié, en Jugement de la Seneschaussée et Siege présidial de Lyon , a jour de plaids et iceux tenans, ce requerant Me Boullioud, A'duocat du Roy pour le Procureur du Roy, delaquelle lecture et publication a esté octroyé acte. *Ordonne* qu'il sera enregistré et affiché ou besoin sera. *Fait* à Lyon en jugement, Nous Matthieu Deseue Baron de Flecheres Seigneur de Saint André du Coing, Limonnez, Villette et Esgrelonges, conseiller du Roy en ses conseils d'Estat et priué, Président et Lieutenant général, Isaac Cougnain, François Demeaulx, André Pianello, Maurice Doucette, Nicolas Prost, Mathieu Pecoil, Daniel Cholier, Jacques Gayot, Jean Baptiste Dulieu, Christofle Liotaud, Jean Clement Phily, Louys Dugas, et Guillaume Boullioud, conseillers du Roy, magistrats en la Senechaussée et Siege Presidial de Lyon, Seants le Samedy Septième jour d'Aoust Mil Six cent Soixante Six

BERAVD. Greffier

---

(1) Le 23 octobre 1665. C'est le 23 octobre que fut rendu l'arrêt condamnant G. de Beaufort-Canillac, vicomte de la Mothe à avoir la tête tranchée. Il semble que Delers et autres aient été jugés avec le vicomte de la Mothe. Immédiatement après le passage relatif à la condamnation de G. de Beaufort, on lit dans le journal de Dongois : « Et adjugeant le profit des defauts obtenus contre les nommés de Lerette père et fils, Peycelade, Chamel, Brun, Bertrand, Gueffier, Martignon de Reyrolles cadet et Chamel, dit le Borgne, ils furent déclarés contumax et, pour réparation, de Lerette père et fils et Perelade furent condamnés d'avoir la tête tranchée, Chamel, etc..., d'être pendus et étranglés s'ils pouvoient être pris, sinon en effigie, tous leurs biens sis en pays de confiscation furent déclarés acquis et confisqués, sur le tout préalablement et solidairement pris la somme de 16000 livres parisis d'amende envers le Roy... »

(2) Dongois., fol. 142.

(3) Dongois, fol. 149. Les sieurs de la Touratte fils, Sauzay, de la Lande, Sauzay, fils du sieur de la Sallé et de la Naiche, fils du sieur de la Boudaigue furent déclarés atteints et convaincus du crime de lèse-majesté divine et humaine et d'avoir contrevenu aux édits et déclarations des duels, et pour réparation ils furent déclarés déchus du privilége de noblesse, condamnés d'être pendus et étranglés, s'ils pouvaient être pris, sinon en effigie, tous leurs biens confisqués..., 16000 livres d'amende... Défense à toutes personnes de les retirer à peine d'être procédé contre elles comme contre des adhérans et fauteurs de leurs crimes.

(4) Dongois ne donne pas le nom de Caby; à la séance du 17 novembre

1665 , il mentionne : « Antoine Delabu , condamné à être pendu et étranglé pour meurtre. »

(5) L'indication de la peine manque. Mazuel n'est pas nommé dans Dongois.

(6) Aux noms de Saint-Michel et autres Dongois ajoute le nom de La Rozée et l'indication : Valets.

Après l'indication de la condamnation du marquis du Palais, Dongois donne un long Mémoire sur la démolition des châteaux pour cause de contumace : Nous en relevons le récit des faits qui motivèrent la condamnation du marquis et de son fils.

« ... En haine de ce que le sieur de Chalmazel de Magneux avoit intenté procès contre le sieur marquis du Palais qui lui avoit fait abattre de son autorité privée un four dans la ville de Feurs, un valet de chambre et trois laquais du sieur du Palais, après avoir attendu plusieurs fois le sieur de Chalmazel pour l'assassiner, le chargèrent enfin un soir comme il se retirait en sa maison en la ville de Feurs ; ils lui tirèrent un coup de mousqueton dont ils ne le frappèrent pas néanmoins, mais son laquais qui lui portoit un flambeau devant lui, en reçut les balles dans le corps, dont il fut percé. Ils suivirent le sieur de Chalmazel, l'épée dans les reins , jusqu'en une maison qu'il trouva ouverte, à l'entrée de laquelle ils lui tirèrent encore un coup de mousqueton dont il évita aussi le coup, les balles ayant donné dans la porte d'une allée où il s'étoit détourné à la faveur de la nuit.

Le sieur de Chalmazel rendit plainte de cette violence au lieutenant criminel de Montbrison. Il obtint décret de prise de corps contre ces quatre valets. Il le mit entre les mains d'un huissier du baillage de Beaujolais, lequel se chargea de l'exécuter et de faire la perquisition des valets du sieur du Palais et, de fait, cet huissier et six archers, ses recors, vinrent le 25 septembre 1656, dans le château du Palais où étaient ces valets qui avaient toujours suivi publiquement les sieurs du Palais, père et fils, depuis l'action. Mais ils ne furent pas plus tôt à l'entrée de la cour du château qu'ils furent attaqués par les sieurs du Palais, père et fils, accompagnés de beaucoup de noblesse d'Auvergne, dont ils sont alliés et à la tête de plus de 30 ou 40 personnes, armées d'épées et de pistolets, qui leur en tirèrent quelques coups, de sorte qu'ils eurent assez de peine à se sauver à Feurs dont les portes leur ayant été fermées par ordre des sieurs du Palais, ils gagnèrent à toute bride Saint-Martin-de-l'Estrac, éloigné de deux grandes lieues de Feurs, où étant arrivé assez tard, ils se logèrent à l'Image de Saint-Georges, où ils se couchèrent.

Les sieurs du Palais, qui avaient envoyé partout pour être avertis du lieu où se retireroient ces sergents, sûrent bientôt où ils étoient et, sur le minuit, le sieur du Palais fils, à la tête de 30 ou 40 cavaliers, armés de pistolets et de mousquetons, arriva à Saint-Martin, où s'étant saisis des portes de l'hotellerie, lui et huit ou dix de ces cavaliers montèrent aux chambres où dormoient paisiblement les sergens et dont les portes ne fermoient qu'à des loquets et s'ouvroient par le dehors. A peine ces pauvres gens s'étoient-ils éveillés et mis à genoux sur leurs lits pour crier miséricorde que deux furent tués sur le champ et un troisième blessé à mort ; deux autres ayant été moins pressés se jetèrent par les fenêtres tous nuds et les deux autres furent saisis et liés ainsi nuds en chemises, sur leurs propres chevaux, et menés toute la nuit vers le château du Palais d'où ils furent renvoyés après plusieurs mauvais traitements et plusieurs remonstrances de s'estre chargés d'un décret contre les laquais de messieurs du Palais.

Le lieutenant criminel de Montbrison en informa et décréta contre les sieurs du Palais mais ils ne manquèrent pas de recourir au moyen dont on se sert toujours dans les provinces éloignées pour éluder la justice ordinaire et que l'on a reconnu aux Grands-Jours avoir causé l'impunité de tous les crimes qui s'en étoient commis c'est-à-dire que les sieurs du Palais firent informer du guet-apens commis contre eux par les sergents, et sur ce prétexte on ne manqua pas de défenses au grand Conseil, lesquelles ayant enfin été levées par des arrêts du Conseil privé et l'affaire renvoyée au Parlement, M. de Palluau fut commis pour instruire le procès. Il se transporta sur les lieux, il instruisit le procès à l'hôte de Saint-Georges et à ses enfants, que l'on prétendoit complices de l'assassinat, mais qui ne se trouvèrent pas néanmoins fort chargés, et par contumace aux sieurs du Palais, père et fils et à leurs complices.

Après l'instruction, l'affaire demeura là et ne fut pas jugée, mais les Grands-Jours étant survenus et le procès ayant été porté à Clermont, l'action qui étoit fort prouvée, fut trouvée si énorme que sans s'arrêter aux transactions qui avoient été faites avec les parties civiles, les sieurs du Palais et leurs complices furent condamnés à mort par contumace et leur château démoli ... » (Dong., fol. 152 et suiv.)

(7) Charles et François Chateaubaudaux frères, sieurs de la Loudre et de la Baume, furent condamnés d'avoir les têtes tranchées en effigie et en 800 livres parisis d'amende. (Dongois, fol. 157.)

(7 *bis*) Séance du 12 janvier 1666. Dong. fol. 199.

(8) A la date du 26 novembre 1665, Dongois indique seulement la condamnation d'Etienne Blanc à être pendu en effigie.

(9) Dongois indique, à la séance du 27 novembre, la condamnation de Philibert de Tianges, sieur de Crozet, à avoir la tête tranchée, par contumace.

(10) Jacques Fournieux, Guy Pimpaneau, Pierre Buzeverie, condamnés à mort pour viol. (Dongois, fol. 159).

(11) J. Gaischet, pour meurtre de son beau-frère.

(12) Pour homicide. Dans Dongois l'arrêt est du 1er décembre.

(13) Dongois dit: le chevalier de Saint-Auzans, pour avoir assassiné Jean Belle.

(14) Pour adultère. La femme fut condamnée à être exécutée et renfermée dans une maison religieuse; y demeurer pendant deux ans en habit séculier, pendant lequel temps son mari pourrait la reprendre, et, le temps passé, qu'elle serait rasée, revêtue et grillée avec les autres religieuses pour y demeurer le reste de ses jours.

(15) Pour assassinat.

(16) Dongois dit: François Corail, le 4 décembre.

(17) « Vendredi matin, 11 décembre, les sieurs de Villemontée et Font-

clard furent condamnés d'avoir la teste tranchée pour avoir assassiné Philippe Jeudy. »

(17 *bis*) Pour enlèvement d'une fille, séance du 11 décembre.

(18) « Séance du 12 décembre. Le commandeur d'Estain-Soubreuse et le chevalier d'Esparoux furent condamnés d'avoir les têtes tranchées, maître d'hôtel du sieur d'Estain, de Courailles, La Roche, Berail, Constant, Pougol, Montail, Espagnol, Vallée et le fils de Pierre Blat, d'être pendus, par contumace, pour vol par eux commis. » (Dong., fol. 172.)

(19) Séance du 14 décembre. — Itier Rachon et Jean Chabrière, pour assassinat.

(20) (21) Même séance. — Pour assassinat.

(22) V. les *Mémoires de Fléchier*, éd. Gonod, pp. 193 et suiv. — Le récit de Fléchier est confirmé par la relation de Dongois : « Le baron de Blot fut déclaré atteint et convaincu du crime de lèse-majesté, d'avoir contrevenu aux édits et déclarations des duels. Pour réparation il fut déclaré déchu du privilége de noblesse, condamné d'estre pendu et étranglé et en 4000 livres parisis d'amende ; que ses maisons et châteaux seraient rasés, les fossés comblés, les bois servant d'ornement coupés à trois pieds de hauteur : ses armoiries brisées et noircies par l'exécuteur, après les cinq années de la contumace expirées, et il fut ordonné que que le procès serait fait à la mémoire de Péguillon (Puy-Guillaume), contre lequel il s'était battu. »

(23) 16 décembre. — « L'on ordonna l'exécution de la sentence de mort par contumace donnée par le Grand Prévôt d'Auvergne contre Gabriel de Gouzel, sieur de Lavenal, et quatre de ses frères, de Combalibeuf frères, et de galères contre le père et les autres complices, pour le meurtre commis en la personne de M. Jean du Four, trésorier de France à Riom. » (Dongois, fol. 183). — V. *Mém. de Fléchier*, éd. Gonod, pp. 300 et suiv.

(24) Pour assassinat de son frère, séance du 17 décembre.

(25) D'orsanges et Valadier, pour excès, port d'armes et assemblées illicites ; séance du 17 décembre.

(26) Pour assassinats et meurtres, même séance.

(27) Dongois, fol. 184.

(28) Séance du 17 décembre. — « Et l'on ordonna l'exécution d'une sentence de mort, par contumace, donnée contre Louis de la Pradelle, Jean Poble et son fils, les sieurs d'Auradoue, Laurillard et autres, condamnés par la sentence, d'être rompus vifs, dégradés de noblesse, et leurs maisons être rasées. » (Dongois, fol. 185.)

(29) Dongois indique la condamnation de Roussinet, mais ne mentionne point, à la date du 18 décembre, les autres condamnations.

(30) 22 décembre. — « La Garenne des Greles, Belleride et d'Arles furent condamnés à mort pour avoir enlevé Françoise Bardy. » (Dong., fol. 185).

(31) (32) (33) (34) (35) (36) (37) (38) (39) (40) (41) « Mardi matin 29 décembre, Bouthon, Sausain, Guy Sergumat, Brissault, Vialet, Condoue, François Vivent, dit Thoinard, Joseph de Claire et Jean Sauvage, Jean

Bernard, Benoît du Pont et Antoine Pastural, furent condamnés à mort par contumace. » (Dong., fol. 188).

(42) (43) (44) (45) (46) (47) (48) (49). — « Jeudi matin, 31 décembre... Jourdain Barry et de la Tour, Etienne Savoy, Martin, Blaise Brun, François Monat et Marguerite Monteil, François Ratinet et Martin Lambert, mercier et serrurier, furent condamnés à mort par contumace. » (Dong., fol. 188).

(50) (51) (52) « Samedi matin, 2 janvier, Claude l'Huillier, François Corbiere, Toussaint Beal et Mathieu de Montmartin, furent condamnés à mort pour homicide. » (Dong., fol. 189).

(53) (54) (55) (56) « Lundi 4 janvier, Claude Clément, dit Chouton, pour avoir tué Blaise François; Christophle Gascon, pour avoir tué Benoît Montpencurier; Etienne Badol, pour avoir tué Susanne Virgellas et Jean Pion, dit l'Espérance, pour avoir tué Antoine Trabert, furent condamnés à mort par contumace. » (Dong., fol. 189).

(57) La condamnation d'Arnauld et Rollet n'est pas rapportée par Dongois à la date du 4 janvier.

(58) (59) (60). « Jeudi matin, 7 janvier... Mathieu Martorez, Mathieu Friçon et Jean Gascon furent condamnés à mort par contumace. » (Dong., fol. 189).

(61) (62) « Vendredi matin, 8 janvier, Jacques Neronne, du Lorrier, Guillaume Grenier, Barthélemy Pascal et Jean d'Agard furent condamnés à mort par contumace. » (Dong., fol. 190).

(63) (64) (65) (66) (67) (68) (69) (70) (71) (72) (73) (74) (74bis) (75) (76) (77) (78) « Samedi matin, 9 janvier, Antoine et Mathieu Nantuart, frères, Jean Chasteigues, Antoine Pinel et Antoine Ponson, Pierre Thomas, Grand-Maison, Christophle Minset, Jean Maugras, Jean Chaudesson, pour homicide, Philiberte Burlin, pour recellement de grossesse, Jean Sarrasin, pour homicide, Jacques et Louis Dulac, frères, pour avoir assassiné Fournier; Antoine Besson, Antoine Marsenat et Antoine Montel, Georges, Guillaume Grippel, Honoré de Brignolles, Charles Andoul, sieur de Saint-Martin, la Frison et un inconnu, gentilshommes verriers de la verrerie de la Gueite, pour s'être battus en duel, et François Leclerc, furent condamnés à mort par contumace... » (Dong., fol. 198).

(79) « Lundi matin, 11 janvier... Faisant droit sur l'appel à minima, interjeté par M. le procureur-général d'une sentence d'entérinement de lettres de rémission, rendue à Saint-Pierre-le-Moutier, le 19 janvier 1652, Guillaume Olivier, sieur de Monceaux, fut condamné à mort et en 4000 liv. d'amende... » (Les signataires de la sentence dont était fait appel, furent condamnés à restitution, au profit de l'Hôtel-Dieu de Clermont, de la moitié des épices qu'indiquait la sentence). Dong., fol. 199.

(80) (81) (81 bis) (82) (83) (84) (85). « Mardi matin, 12 janvier, Nicolas Couchot, Jean Brignen, Philippe Chantreuil, Antoine de la Vergne, Louis Richon et Jean l'Aguille, Claude Mandre, Claude Igouves de Rigeaux, furent condamnés à mort par contumace. » (Dong. fol. 199).

(86) « Faisant droit sur l'appel à minima interjeté par le procureur-général d'une sentence d'entérinement de lettres de rémission, obtenue par Jacques de Beaufort de Canillac, seigneur du Johannez, Gerard Tournade, son valet de chambre, Jean et Louis d'Oradour, cadet, de Sarlans, sieur du Verdier, Jacques de Beaufort-Canillac et d'Oradour furent condamnés d'avoir la tête tranchée, et Tournade, d'être pendu et étranglé, leurs biens furent déclarés acquis et confisqués, préalablement pris 16000 liv. tournois d'amende envers le roi, 400 l. parisis pour prier Dieu pour l'âme de... de Bouliers, écuyer, sieur du Chariol et en 16000 l. aussi parisis de réparation envers Gilbert, Alexandre et Amable de Bouliers du Chariol, parties civiles. La terre de Johannès fut privée de justice, qui fut réunie à la royale. Il fut ordonné que le château de Johannès serait rasé et démoli, les bois servant d'ornement, coupés à trois pieds de hauteur, après les cinq années de la contumace expirées. » (Dong., fol. 199.)

(87) (88) (89) (90) (91) 12 janvier « ..... Antoine Muronier, Méderic de la Roche, Jean Chaspy, Pierre Bellestre et Marguerite Chemard... furent condamnés à mort par contumace. » Dong., fol. 199.

(92) « Jeudi matin, 14 janvier... Claude d'Anglure fut condamné d'avoir la tête tranchée. (Dong., fol. 200).

(93) (94) 14 janvier. « Michel et Pierre Goumeton de la Roche et Antoine Bertignat, condamnés à être pendus. » (Dong., fol. 200).

(95) Séance du 15 janvier. (Dong., fol. 301).

(96) (97) (98) Séance du 15 janvier. Antoine Pulson, Pierre du Plan, Jean et Clément Chazier., (Dong., fol. 200).

(99) (100) Carabin, Michel Dargent. (Dong., fol. 201). Séance du 15 janvier.

(101) Pour vol domestique. (Dong., fol. 202).

(102) Claude Dinassè, Mathieu et Etienne Barlant. (Dong., fol. 202. Séance du 16 janvier.

(103) Jean Bourlonne, séance du 16 janvier.

(104) Valentin d'Oseros, Ant. Chavarron et Jean de la Croix, séance du 18 janvier.

(105) V. *Mém. de Fléchier*, éd. Gonod, p. 253... Voici ce que dit le journal de Dongois (fol. 203) : « Faisant droit sur l'appel à minima de M. le procureur-général d'une sentence d'entérinement de lettres de rémission donnée à Aurillac, obtenues par le baron de Salers, l'appellation et sentence furent mises au néant, les défauts furent déclarés bien et dûment obtenus, et pour réparation des cas mentionnés au procès, de Salers fut condamné d'avoir la teste coupée. Ses biens furent déclarés acquis et confisqués, préalablement pris 16000 l. parisis d'amende, et 8000 l. parisis de réparation envers Anne Moreau, 160 l. pour faire prier Dieu pour l'âme de défunt Antoine de Serviens, son fils, assassiné par le baron de Sallers; sa terre de Sallers fut privée de la justice, qui fut réunie à la royale dont elle ressortissait. Il fut ordonné que le château de Sallers serait incessamment rasé et démoli, et les

bois qui servaient d'ornement coupés à trois pieds de hauteur, et défenses furent faites à toutes sortes de personnes de retirer le baron de Sallers. » V. *Mém. de Fléchier*, p. 255.

(106) Jean Michon, le nommé l'Orange et le valet du sieur de Malafaut, séance du 21 janvier.

(107) « Faisant droit sur l'appel à minima interjeté par M. le procureur-général, des sentences d'absolution rendues par Jacques Perrot, juge de la châtellenie royale de Souvigny, au profit de Jean et de Louis Josvin Cervoire et de l'Hosme, convaincus de viol et d'autres crimes, le 25 novembre 1660, et au profit de Gilbert Mahieul, Capitol, les grand et petit Saint-Martin et l'Artignol, convaincus de duel, le 2 novembre 1662, les appellations et sentences furent mises au néant; émendant, Jouin, Cervoire et de l'Horme furent condamnés d'être rompus vifs; Gilbert Mahieul, Capitol et Jacques Perrot, juge qui avoit rendu les deux sentences, et fait dédire les témoins de leur première déposition, condamnés d'être pendus par coutumace. » (Dong., fol. 205. Séance du 21 janvier).

(108) (109) (110) « Claude Gonon et Jacqueline Picard, Jean Gerard..., les nommés du Marais et Laslun et Montelart, Jean et Antoine Santeraux et Jean Fillot furent condamnés à mort par contumace. » Séance du 21 janvier. (Dong.. fol. 204.)

(111) Etienne du Puis, Gabrielle Burat, sa femme, et Jacqueline Golent... Séance du 23 janvier. (Dong., fol. 204).

(112) 23 janvier. (Dong., fol. 204).

(113) « La Cour ayant vu le procès criminel fait au siége présidial de Riom contre Gaspard d'Espinchal, seigneur de Massiat, la sentence contre lui rendue par jugement présidial et en dernier ressort, le 27 août 1662, par laquelle il aurait été déclaré contumax et défaillant, atteint et convaincu des meurtres à lui imposés, pour lesquels et pour autres cas mentionnés au procès, il auroit esté condamné d'avoir la teste tranchée, si appréhendé pouvoit estre, sinon en effigie, ses biens acquis et confisqués à qui il appartiendroit, préalablement pris 12000 l. d'amende vers le Roy, ses justices acquises et confisquées au Roy, ordonné que ses maisons et la tour Montel, située au faubourg de Massiat, seroient rasées, et les bois coupés à hauteur de ceinture, les habitants de Massiat remis en la possession de leurs biens, le curé et les chanoines en leurs dixmes, et d'Espinchal condamné en 30000 l. de dommages et intérêts envers les parties civiles, conclusions du procureur-général du Roi qui auroit requis d'être reçu appelant *a minima* de la sentence en ce que le rasement n'auroit pas été ordonné incessamment et qu'il auroit été seulement adjugé 12000 l. au Roi, le procureur-général fut reçu appelant *a minima* de cette sentence et y faisant droit, l'appellation et sentence furent mises au néant, en ce qu'il n'auroit pas été ordonné que les maisons de d'Espinchal seroient rasées incessamment, et que 12000 l. seulement auroient été adjugées au Roi. Emandant quant à ce, il fut ordonné qu'il seroit incessamment procédé au rasement du château de Massiat et de la tour de Montel, et qu'il seroit pris sur les biens confisqués et sur les autres non sujets

à confiscation 16000 l. parisis d'amende envers le Roi, applicables au pain des prisonniers.

(Il y aurait de quoi faire un livre des crimes commis par cet homme un des [plus] méchants que la terre ait jamais portés. On ne le put jamais attraper, quelques diligences que l'on fit).

Pierre Robert, avocat, fut commis pour faire raser la tour de Massiat. » (15 janvier, Dong., fol. 204. V. *Mém. de Fléchier*, p. 269, 420 et suiv.).

(114) (115) « Le nommé d'Antoine, Claude Chavarin, pour recellement de grossesse et perte de son enfant, furent condamnés à mort par contumace. » (25 janvier. Dong., fol. 205).

(116) (117) (118) (119) (120) (123) (124) Louis Saulnier, Jeanne Constance, Jean Govon, le nommé Francœur, Antoine Monteil et Michelle de Saignes, Pierre Boussel et le nommé de Presle, Jean Jurand, Moïse et Claude Macquin. Séance du 25 janvier.

(121) (122) « Gabriel Brun, sieur de Boisnote et la Mazel, furent condamnés d'avoir la teste tranchée, et Plantin, valet du sieur comte d'Apchier fut condamné d'être pendu par contumace. » 25 janvier.

(125) « Jacques Timoleon de Beaufort, marquis de Canilhac, pour réparation des cas mentionnés au procès fut condamné d'avoir la teste tranchée s'il pouvoit estre pris, tous ses biens situés en pays des confiscation furent déclarés acquis et confisqués, sur le tout préalablement pris 52000 l. parisis d'amende envers le Roy, et 48000 l. parisis envers une partie de ceux dont il avoit exigé plusieurs sommes. Il fut ordonné que les tours et les fortifications de Champeix, Sainte-Urcize, et la tour de Canillac, proche de Saint-Laurens, seroient incessamment démolies et rasées et après les cinq années de la contumace, que ses autres maisons et châteaux le seroient. Ses terres furent privées de tous droits de seigneurie et de justice, qui furent réunies aux royales, dont elles ressortissoient et les nommés Piquet, François Joannet, palefrenier; Saint-Germain, bastard, François Epolidor, cochers, condamnés d'être pendus et étranglés, leurs biens confisqué, préalablement pris et solidairement 16000 l. parisis d'amende. Défenses furent faites à toutes personnes de quelque qualité et condition qu'elles fussent, de donner retraite au marquis de Canillac et aux autres accusés, à peine, contre les gentilhommes, de dégradation de noblesse, du rasement de leurs châteaux et de confiscation de leurs biens. Il fut enjoint à tous prévots des maréchaux et autres officiers de justice de tenir la main à l'exécution de l'arrêt, et d'en certifier la Cour à la quinzaine, et aux communes de courir sus aux condamnés, et de les amener à la justice. Et sur l'accusation intentée contre dame Catherine Martel de Treffort, femme du marquis de Canillac, les parties furent mises hors de cour les habitants et les vassaux du marquis, les témoins qui avoient déposé et leurs familles furent mis en la protection et sauvegarde du Roi, de la Cour, de la dame marquise de Canilhac et de leurs enfants. » (Dong., fol. 205. — *Mém. de Fléchier*, p. 285 et suiv.).

(126) Jean du Vivier, condamné à mort pour vol. 25 janvier.

(127) « Grandval et Pont-de-Vaux furent condamnés d'avoir les testes tran-

chées, des Jardins et Baptiste d'être pendus, et la demoiselle Grandval bannie pour cinq ans par contumace. » 27 janvier. (Dong., fol. 203*bis*).

(128) (129) « Jacques et Charles Paiges et autres, Martin Facher, Etienne, Michel et Louis Ficher, furent condamnés à mort par contnmace. » 28 janvier.

(129 *bis*) Séance du 30 janvier. Jean Dulac, condamné à mort pour meurtre. (Dong., fol. 224).

(150) « Maître Mathias Bichon, prêtre, curé de *Saint-Pierre-le-Vieux*, fut condamné à mort par contumace pour avoir débauché, ravi et enlevé Jacqueline Tardy, fille d'Antoine Tardy, écuyer, seigneur de Saint-Pierre.-le-Vieux, et en 800 l. parisis d'amende et 400 l. de réparation, par contumace. » (Dong., fol. 207).

(131) (152) (153) (154) (155) (156) (157) (158) (159) (140) (141) Antoine Croquet et Pierre Bonnefoux, exempts de la maréchaussée, Chambon, Taillandier, Guillaume Tixier, Etienne Lescure, Pierre Servayre, les nommés Cartalliers et Etienne Flagot, Etienne Chambron, Jacques Geille, Guy Danglar, sieur d'Archis, Antoine de Chardonnet, Pierre Thibault, Maximilien et Pierre de Vallard, Antoine Clostereau, François du Plessis, Louis Gombault. Séance du 30 janvier. (Dong., fol. 223).

(142) « Charles de Beaufort, marquis de Canillac, fils de Jacques Timoléon, marquis de Canillac, fut condamné d'avoir la teste tranchée, et en 16000 livres parisis d'amende.

Il paroissoit, par le procès, digne fils de son père, car il étoit justifié que lui, le comte et l'abbé de Saint-Point, frères, capitaine du château de Saint-Laurent, appartenant au marquis de Canillac, Béquet, son valet de chambre, et vingt autres de leurs valets, tous à cheval, rencontrèrent Antoine-Ignace de Jusquet, prêtre, dans un champ, revêtu de sa soutane, qui regardoit travailler des bûcherons, et que l'abordant, le jeune marquis de Canillac cria : Tue, tue, et lui lâcha un coup de pistolet dans l'épaule gauche; qu'aussitôt, le comte de Saint-Point lui tira un autre coup de mousqueton dans les reins et dont Jusquet tomba à terre; que s'étant relevé à genoux, il leur cria : « Messieurs, la vie, ou donnez-moi du temps pour prier mon Dieu de me pardonner avant que d'achever de m'achever » ; mais que l'abbé de Saint-Point lui tira encore un coup de mousqueton, et qu'ensuite lui et le comte, son frère, et le jeune marquis de Canillac commandèrent à leurs valets de tirer sur ce prêtre; ce qu'ils firent, et qu'ainsi il étoit mort sur la place. (Dong., fol. 224).
— Fléchier dit que le jeune marquis de Canillac passoit pour un jeune homme accompli, mais qu'il a fait une action qui suffiroit pour rendre infâme un fils d'un autre père et un gentilhomme d'une autre province; c'est qu'un prêtre s'étant voulu mêler, peut-être indiscrètement, de quelque intrigue qu'il avoit avec une femme, il le fit observer et, l'ayant un jour rencontré, lui donna le temps de faire sa prière et de se confesser succinctement, et l'envoya cruellement en l'autre monde. (*Mém. de Fléchier*, pp. 392 et 309.

(143) Christophle, comte d'Apchier, fut condamné d'avoir la tête tranchée, ses biens sis en pays de confiscation, furent déclarés acquis et confisqués, préalablement pris sur ce tout 32000 l. parisis d'amende, et 48000 l. parisis de

restitution envers les particuliers dont il les avoit exigées, qui leur seroient distribuées suivant la liquidation qui en seroit faite par le lieutenant criminel de Riom; que les châteaux de Trizac, Treillat et Berques seroient démolis et rasés, les bois servant d'ornement coupés à trois pieds de hauteur. Après les cinq années de la contumace expirées, les terres furent privées de justices qui furent déclarées réunies aux royales ; tous ses emphytéotes, censitaires et redevables furent déchargés de toutes sortes de droits de corvées, bouades, vinades, manœuvres, charrois et autres servitudes. Il fut permis aux habitants de ses paroisses de rentrer en la jouissance de toutes les communes, prés, bois et droits de chauffage et biens qu'il leur avoit usurpés. Il fut enjoint au lieutenant criminel de Riom d'y tenir la main. Dix-neuf de ses satellites, appelés par lui ses apôtres, furent condamnés d'être pendus et le sieur de la Tour d'avoir la teste tranchée ; les habitans et les témoins furent mis sous la protection et sauvegarde du Roi, de la Cour et des accusés. » (Dong., fol. 224). — Fléchier, p. 297, dit que, dans l'empressement où était la Cour, elle n'avait presque pas loisir d'examiner la qualité des personnes ; qu'aussi le comte d'Apchier fut d'abord condamné à être pendu, mais qu'ensuite « on lui rendit l'honneur qu'il méritoit et il fut condamné à avoir noblement la tète tranchée. »

(145) « Léon de Barbançois, prieur de Saint-Victor, et Martin d'Allier, furent bannis à perpétuité, leurs biens confisqués, préalablement pris 1600 liv. d'amende. » (Dong., fol. 150).

(146) Pierre Audoin. (Dong., fol. 150).

(147) Les nommés La Varenne et Mousset ne s'étant pas représentés en l'état, suivant la déclaration vérifiée le 1er octobre, il fut ordonné que la sentence par contumace contre eux donnée à Saint Pierre le Moutier, par laquelle ils avaient été condamnés vifs à la roue, pour vol, violence et destruction commise de nuit en la maison de Trigny en Nivernois seroit exécutée en effigie, et en ajoutant à la sentence que leurs maisons et châteaux seraient démolis et les bois servant d'ornement coupés à trois pieds de hauteur, les défauts déclarés bien obtenus contre les nommés Lasne et Le Guichier, pour réparation des mêmes crimes, condamnés d'être rompus vifs et d'expirer sur la roue, s'ils pouvoient être pris, sinon en effigie, et défenses furent faites de leur donner retraite, à peine d'être procédé contre eux extraordinairement. (Dong., fol. 151).

(148) Dong., fol. 151.

(149) Jean de Laneau, Jean Auchesne, Gilbert de la Nouzilière, Bertonier, Vasla, dit Bruget, Maturin Gabillon. 25 novembre.

(149 *bis*) « Jean de Bosredon, dit le chevalier du Puy et Saint-Quelmer (du Puy-Saint-Gulmier), furent condamnés d'être rompus vifs ; les sieurs de Courteix et de Giat, d'avoir la tête tranchée, et les nommés Pontgibault et l'Orange, d'estre pendus et étranglés, par contumace, pour viol en la personne d'Anne Chauderon.

[Quelques-uns faisoient des difficultés que l'on en pût juger, à cause que les lettres de l'établissement n'en parlent pas précisément, mais les commissions des autres Grands-Jours n'en parlent pas davantage, et cependant il n'y en a point où l'on n'en ait jugé quantité, il y en a où l'on en trouvera plus de cinq cents jugés.] » (Dong., fol. 172).

(150) (151) Léonard du Cousturier et Feraton, condamnés aux galères pour cinq ans. (Dong., fol. 187).

(152) Gilbert et Mathieu Alabel. (Dong., fol. 189).

(153) Claude Veissiert ; séance du 9 janvier. (Dong., fol. 198),

(154) Dumas et Chatebas ; séance du 10 janvier. (Dong., fol. 199).

(155) Séance du 12 janvier.

(156) L'Héritier et La Coste, condamnés à mort, séance du 15 janvier.

(157) Jacques Neyret, banni pour trois ans , séance du 11 janvier. — C'est par erreur que le placard imprimé indique un arrêt du 6 janvier, ce jour, fête des Rois, était chômé.

(157 *bis*) Claude Maudra, banni à perpétuité pour excès et violence ; séance du 18 janvier. (Dong., fol. 202).

(158) Dong., fol. 203.

(159) Et, en outre, en 12000 l parisis de réparations, dommages et intérêts envers la veuve Néret. (Dong., fol. 203). — Voir encore, séance du 2 octobre: « Il fut ordonné que le sieur marquis de Lévy serait assigné..... pour des violences commises contre Néret, prévôt des maréchaux de Bourbonnois; mais, au lieu de comparaître, il s'enfuit, et depuis M. Le Fèvre de la Falluère instruisit son procès par contumace, et tant pour ses violences que pour d'autres crimes, il fut banni pour neuf ans..... (Dong., fol. 95).

(160) Antoine et Jean Baconnet frères, René Baconnet, Guillerot, François Baconnet, René Perier et Louis Valentin. (Dong., fol. 204).

(161) Jean Cure , François Hérault et le nommé Guérinneau. (Dong., fol. 204.

(162) Dongois, fol. 204, parle, à cette date du 22 janvier , de l'arrêt de bannissement des complices de Jean de la Bastide et Silvain de Chantillac , mais sans donner leurs noms.

(163) Séance du 23 janvier.

(164) Rigodon, sieur de Sallas, Rigodon, sieur de Pontais et autres. (Dong., fol. 205).

(165) Laurent Courtinol, dit Vivarez, Claude de Bernard, Antoine Divet, trompette, et Jean Bidon, et le nommé La Fonteine. (Dong., fol. 205).

(166) Annet Chalus. (Dong., fol. 205).

(166 *bis*) Séance du 28 janvier. Jean du Bois, banni pour 5 ans.

(167) Pour violences commises dens l'église.

(168) « Charles des Cars, marquis de Merville, fut banni pour neuf ans , condamné à 1600 l. parisis d'amende, et de rendre les sommes par lui exigées de plusieurs personnes ; la terre de la Roquebrou fut privée du droit de justice, qui fut réunie à la royale, et il fut ordonné qu'il représenteroit incessamment, pardevant le lieutenant-général d'Aurillac les titres en vertu desquels il prétendoit les droits de gendrage, de corvées , de manœuvres, de vinades, de bouades et le droit de guet, les fournitures, charrois, et les autres droits et servitudes

sur les habitants de Carbonnières, Métail et Roquebrou, pour être communiqués au substitut de M. le procureur-général et aux habitants de ces villages et procéder avec eux à la liquidation de ces droits. Cependant défenses lui furent faites de les lever. » (Dong., fol. 207)·

L'ajournement personnel contre le marquis de Merville avait été décrété le 10 novembre. M. Le Pelletier, envoyé dans la Haute-Auvergne, avait instruit l'affaire avec plusieurs autres de même nature, notamment contre le comte d'Apchon, le sieur de Lignerac. (Dong., fol. 146 et 199).

(169) François de l'Audouze, écuyer, sieur des Cures, fut banni pour neuf ans, condamné en 1600 l. parisis d'amende et en 4000 l. de réparation envers Jean de la Fage, écuyer, pour des violences commises contre ce dernier. (Dong., fol. 223).

(170) René du Breuil et les sieurs de Montlebreau, Poiragout, Baroise et Fournier furent bannis pour neuf ans. (Dong., fol. 225.)

Clermont, typ. Ferd. Thibaud.

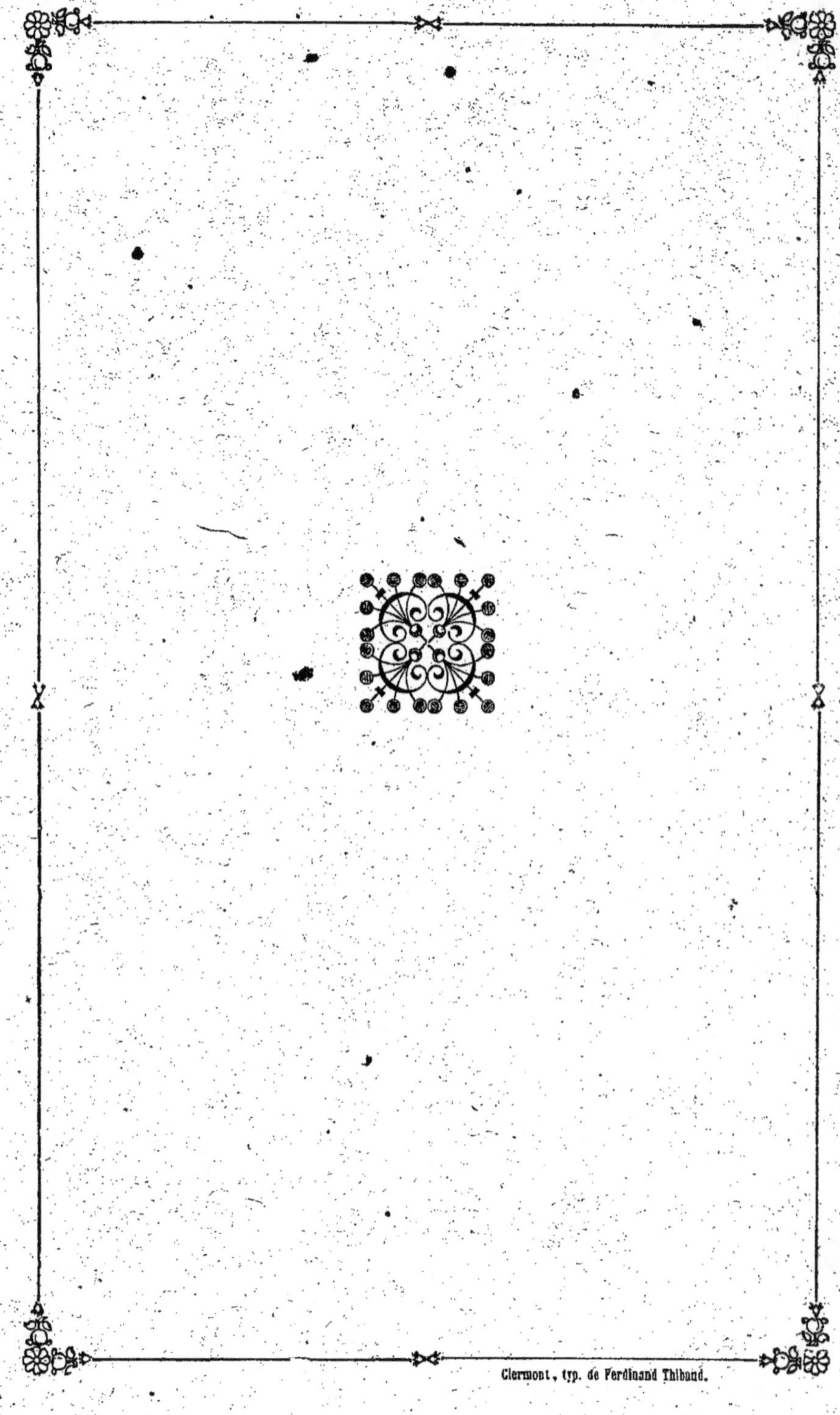

Clermont, typ. de Ferdinand Thibaud.